¡LA RESPIRACIÓN ES DIVERTIDA!

Dounia Stewart-McMeel

Ilustraciones de Giovanna de Lima
Traducido por Renata Somar

TBR Books
Nueva York • Paris

Para Bella y Sam. ¡Los amo!

-Dounia

¡Hola! ¡Soy Fátima y soy inventora! Quiero aprender más sobre lo que sucede cuando respiramos el aire y la manera en que este sale de nuestro cuerpo.

El aire es un tipo de gas. Contiene nitrógeno, oxígeno y otras cosas. El oxígeno es el componente importante porque lo necesitamos para... bueno, ¡para todo! Lo necesitamos para ponernos de pie, para sentarnos, para caminar, correr, jugar, comer, ver la televisión, hablar... Vaya, ¡incluso necesitamos oxígeno para PENSAR, DORMIR o SOÑAR!

El oxígeno está conformado por millones de moléculas tan pequeñas, ¡que ni siquiera podemos verlas! Cuando inhalamos oxígeno, este entra a nuestra sangre y se mueve a gran velocidad por todo el cuerpo.

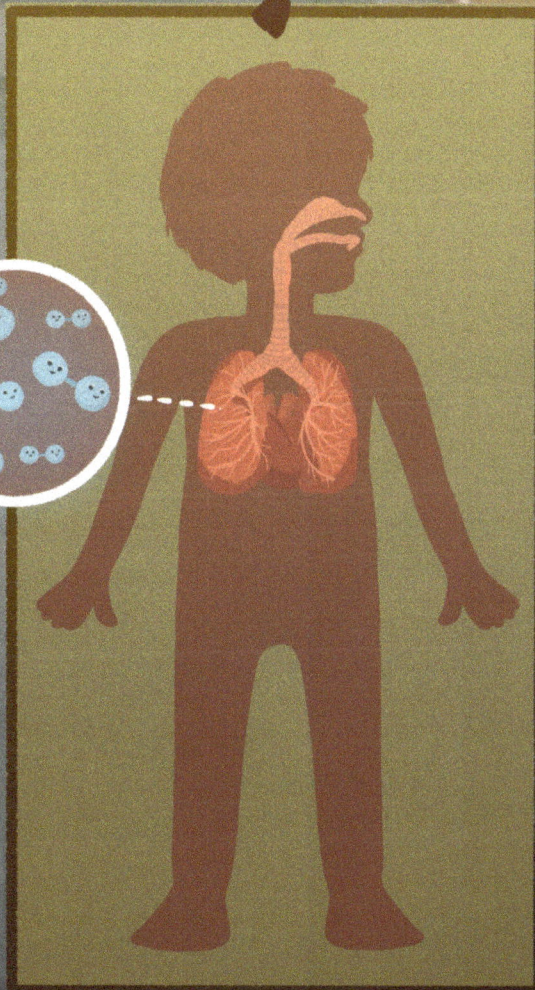

Inventé una cápsula Zorb que se reduce hasta alcanzar el tamaño de una solitaria molécula de oxígeno. Planeo usarla para explorar el SISTEMA RESPIRATORIO: todas las partes de nuestro cuerpo involucradas en la respiración. También tengo un lugar para ti. ¡Ven conmigo!

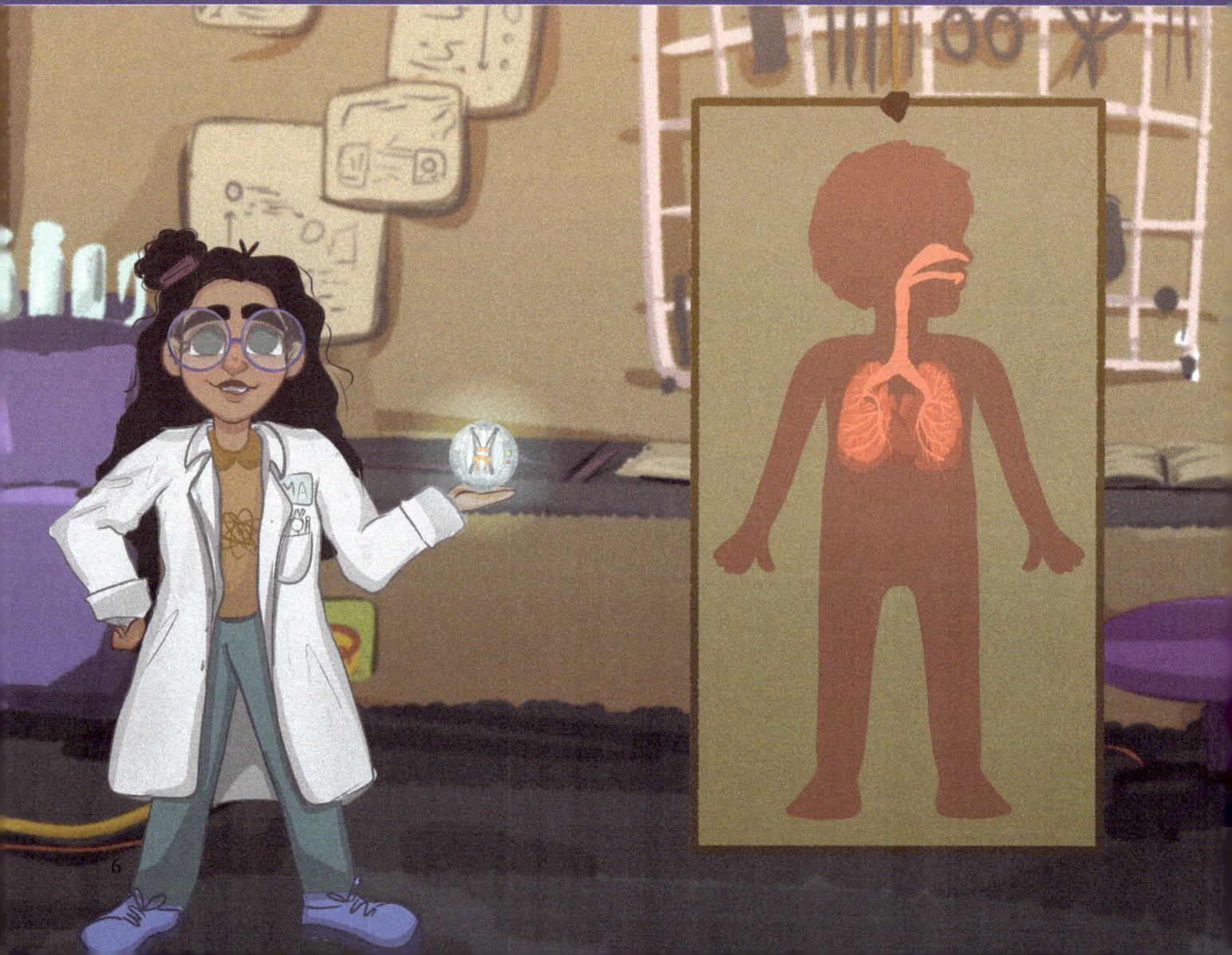

¿Estás listo? Entonces oprimiré el botón de ¡REDUCIR! ¡Sujétate bien! 3, 2, 1... ¡ZAP!

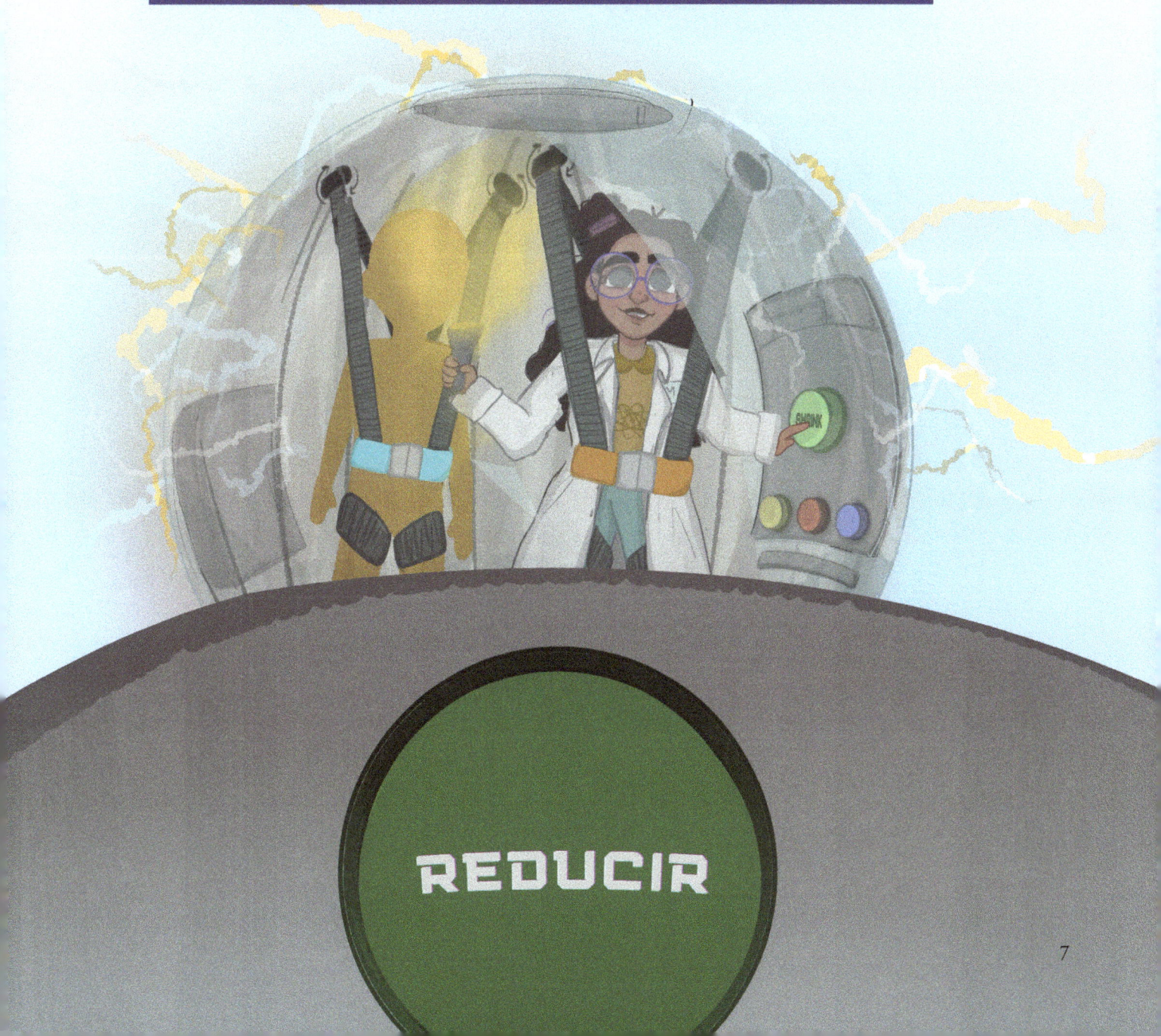

REDUCIR

¡Vaya! Espero que no te marees. Parece que estamos volando bocabajo… Ahora está mejor, ¡perdí el control de nuestra capsulita por un instante! Ahora viene la parte divertida: necesitamos que nos inhalen. ¡Esta es una manera elegante de decir que necesitamos que alguien nos respire!

Podemos entrar por la boca o por la nariz, no importa, ambas conducen a la garganta. ¡Mira! Hay mucha gente ahí abajo. ¡Vamos a que nos inhalen!

¡Ese joven es perfecto! Tiene la boca cerrada, así que entraremos por la nariz. Cruza los dedos por que no tenga montones de mocos. ¡Qué asco!

Muy bien, aquí vamos por la nariz, y aquí está la garganta.

Hay dos conductos. Uno lleva al estómago, pero nosotros necesitamos entrar por el otro. Este conducto se llama tráquea. Pronúncialo lentamente: "Trá-que-a". La tráquea conduce a los pulmones. ¡Vamos!

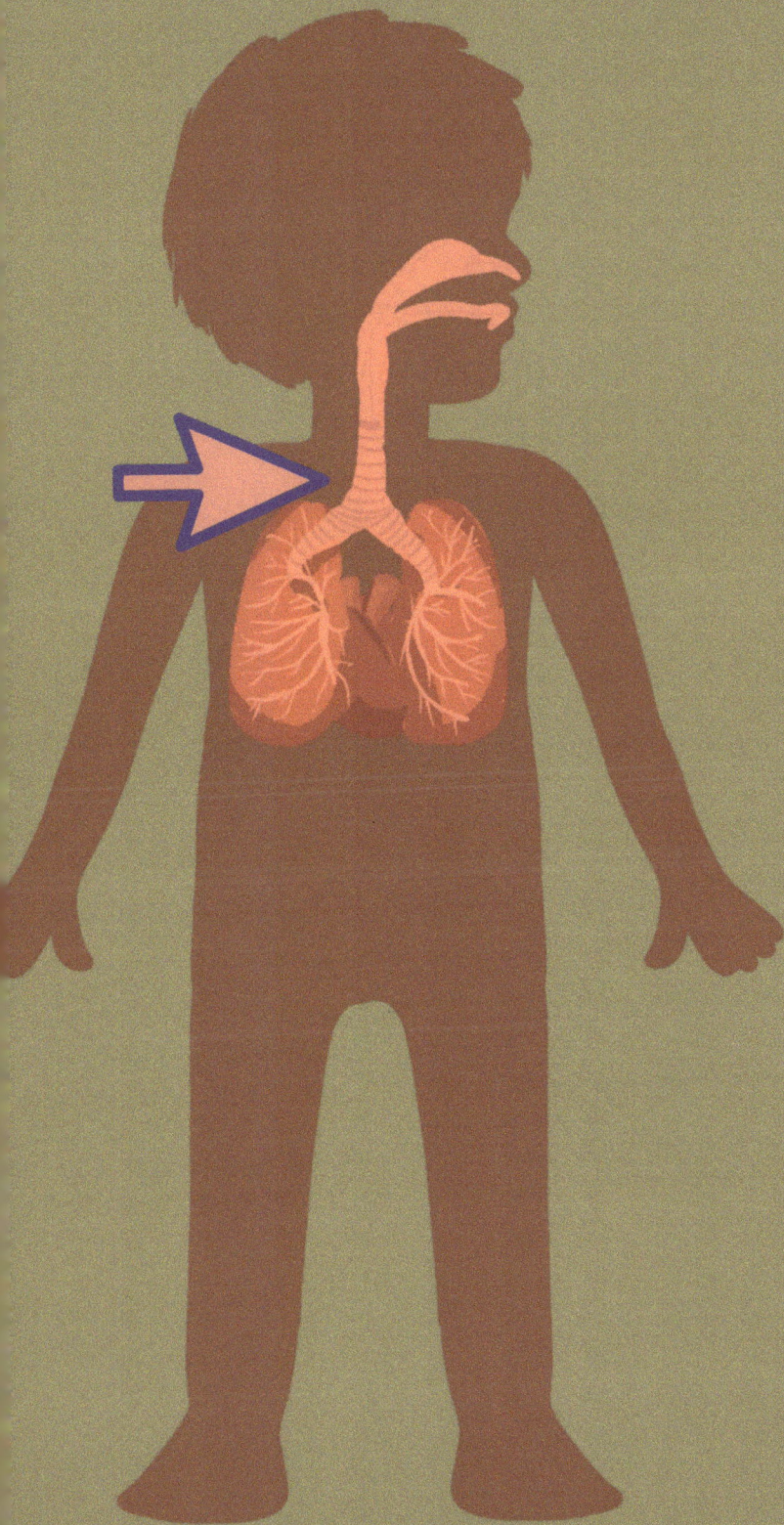

Ahora estamos en el fondo de la tráquea. Aquí hay dos conductos más llamados bronquios. Uno lleva al pulmón izquierdo y el otro al derecho.

¡Trata de repetir eso rápido!

Oye, ¿sabes por qué los pulmones son de distinto tamaño? Porque el de la izquierda necesita dejarle espacio al corazón, por eso es más pequeño.
¡Qué extraño!

Vamos a descender por el bronquio izquierdo. ¿Ves todos esos pasajes en ambos lados? Se llaman bronquiolos. "Bron-quio-los". Es como estar en el interior de un árbol hueco con muchas ramas.
¿No se ven increíbles? Lo sé. ¡Sigamos esta rama!

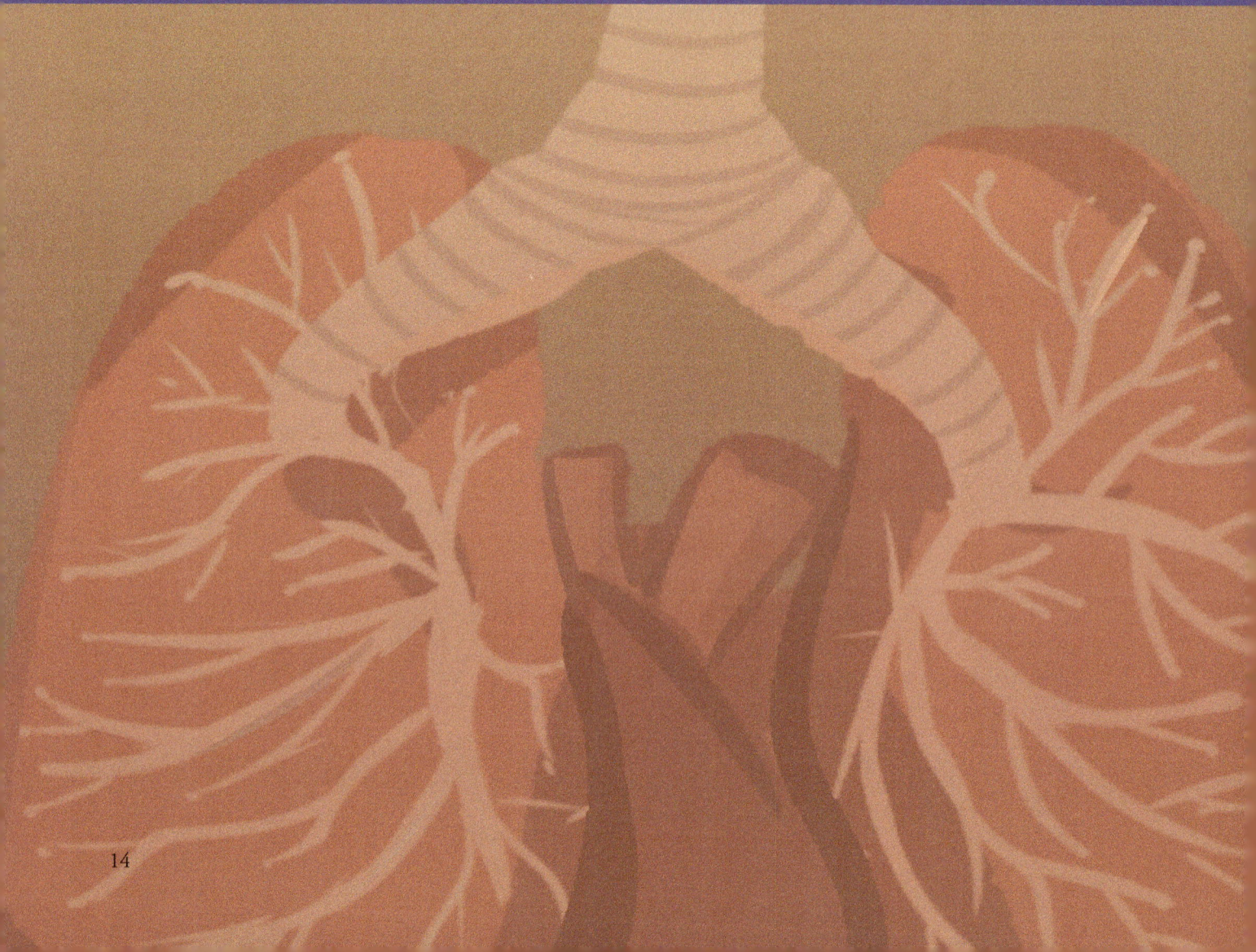

Vaya, ahora llegamos al fondo de la rama. Está cubierta de bolsas diminutas. Se llaman alvéolos. "Al-vé-o-lo". Es difícil pronunciarlo, ¡pero así es la ciencia!

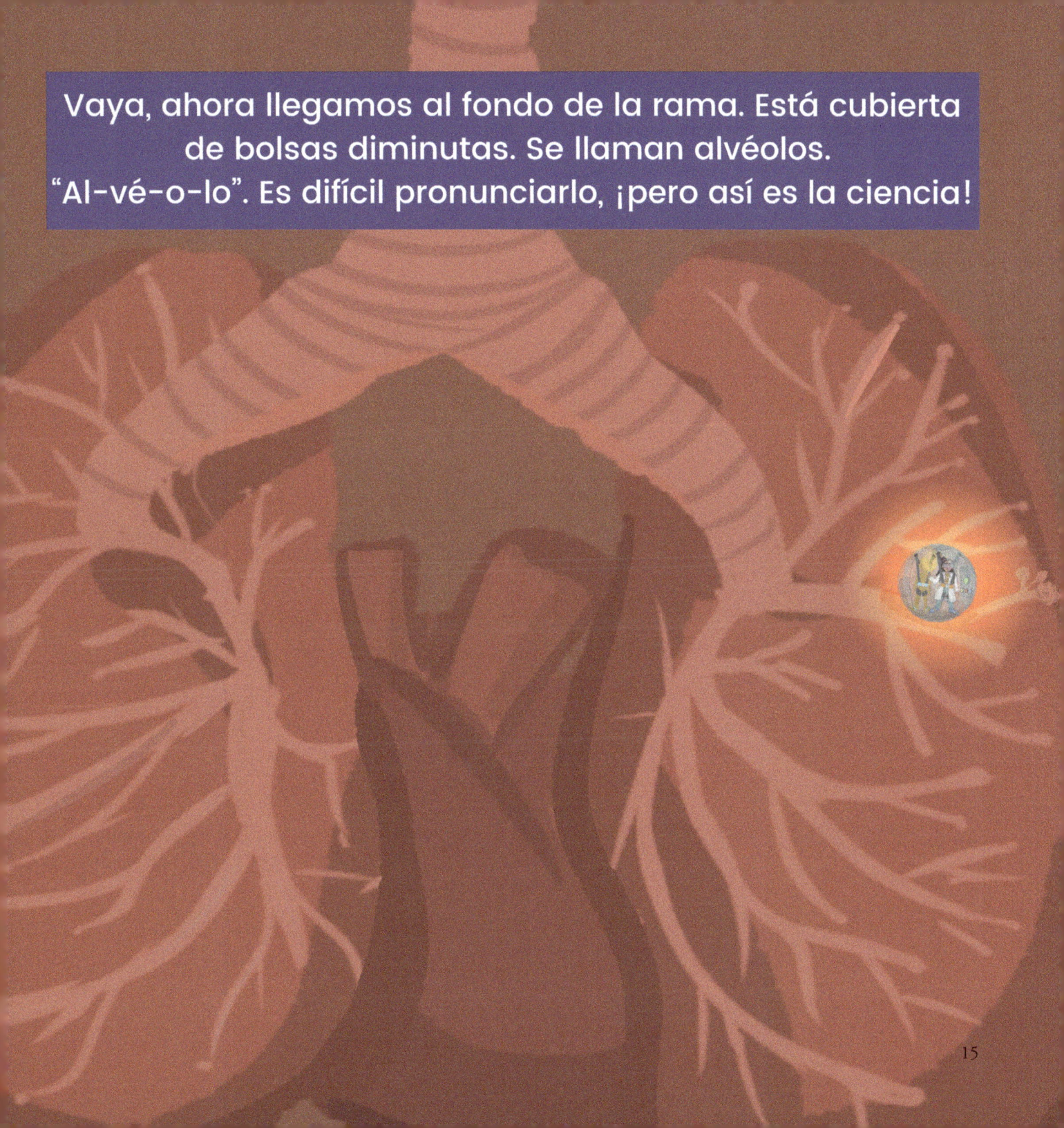

Ahora mira tu muñeca. ¿Ves algunas líneas azules? Son vasos sanguíneos. La sangre se mueve en el cuerpo a través de ellos y, como puedes notar, hay muchísimos alrededor de los alvéolos. ¡Aquí es donde todo se vuelve muy emocionante!

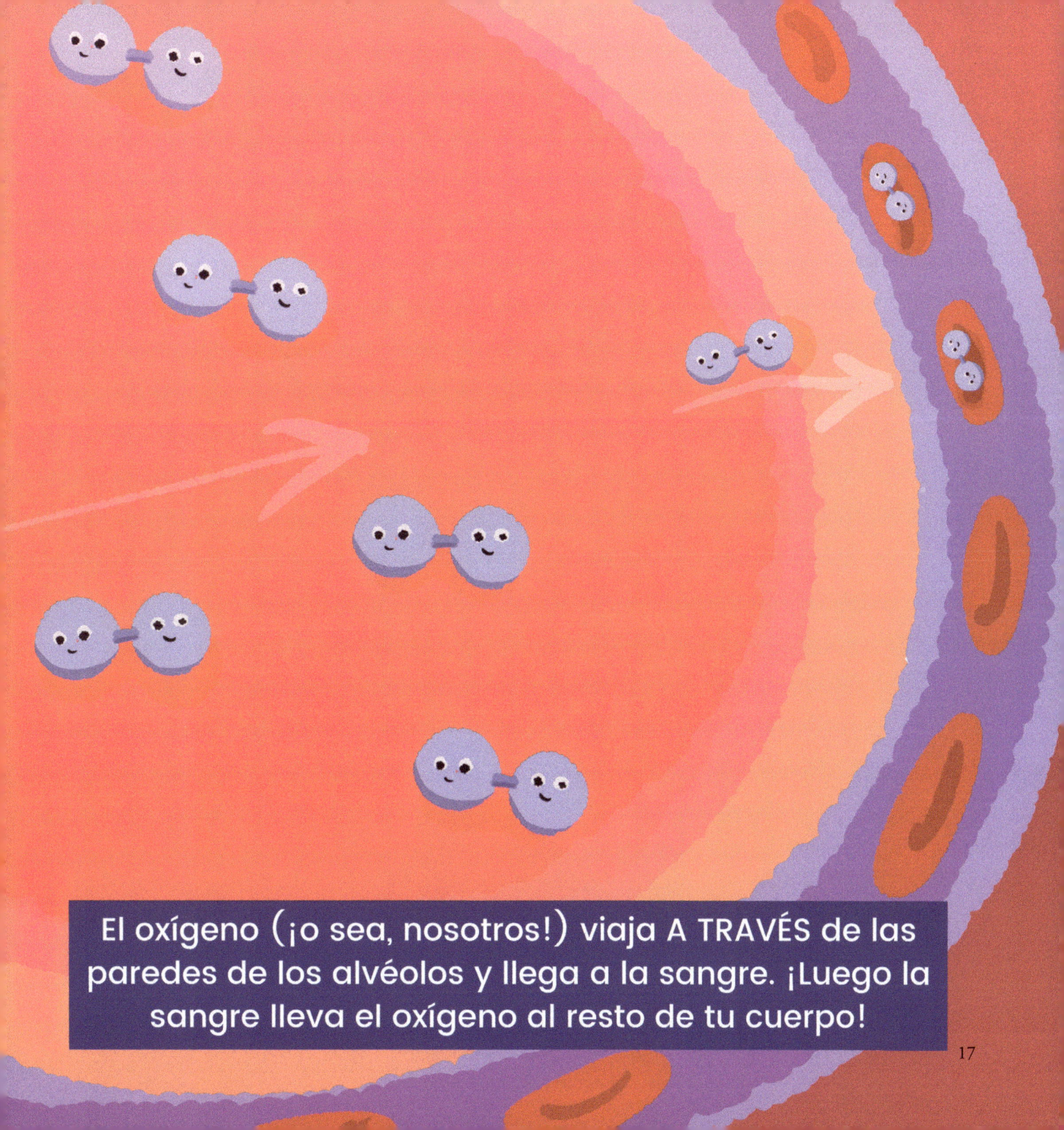

El oxígeno (¡o sea, nosotros!) viaja A TRAVÉS de las paredes de los alvéolos y llega a la sangre. ¡Luego la sangre lleva el oxígeno al resto de tu cuerpo!

(Solo quiero decir algo ahora. Nuestros cuerpos no solo son extraordinarios: ¡son maravillosos, increíbles y ASOMBROSOS! ¿No te parece?)

Después de que usamos todo el oxígeno (porque caminamos, corremos o hacemos alguna otra actividad, ¿recuerdas?) este se transforma en dióxido de carbono (lo cual es bueno y malo, pero dejaré esa historia para otra ocasión) y sale de nuestro cuerpo de la misma manera en que entró: atravesando de vuelta la pared de los alvéolos, y subiendo por los bronquios y la tráquea hasta salir por la boca.

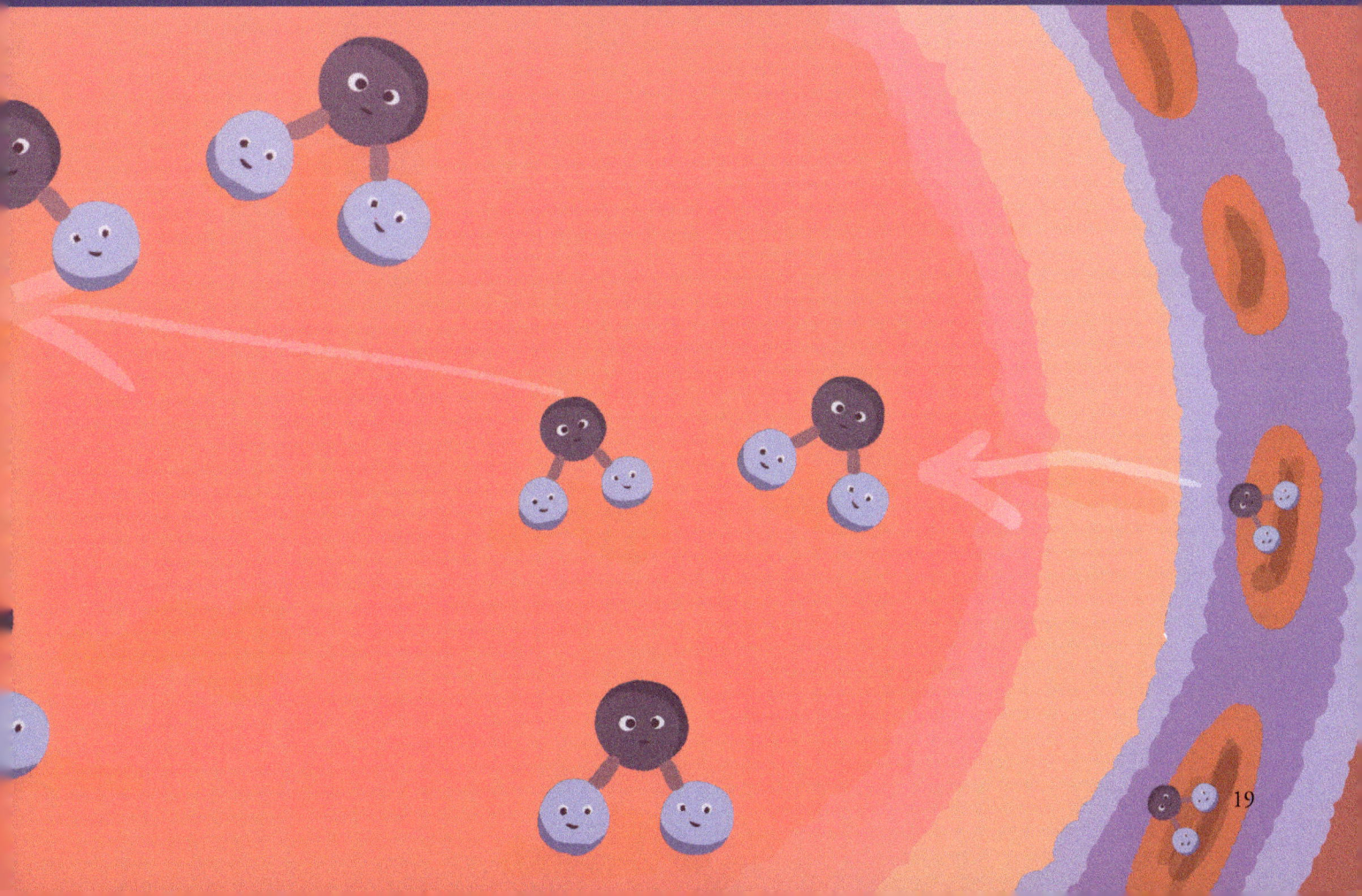

O por la nariz. Y, a veces, si se va por el lugar equivocado, ¡sale por donde evacuamos la popó!

Me encantó aprender contigo respecto al sistema respiratorio. Hay mucho más aún, y en verdad espero que algún día lo aprendas. No es necesario reducirse, ¡la ciencia es divertida de todas formas!

¡Hasta pronto!

EL SISTEMA RESPIRATORIO

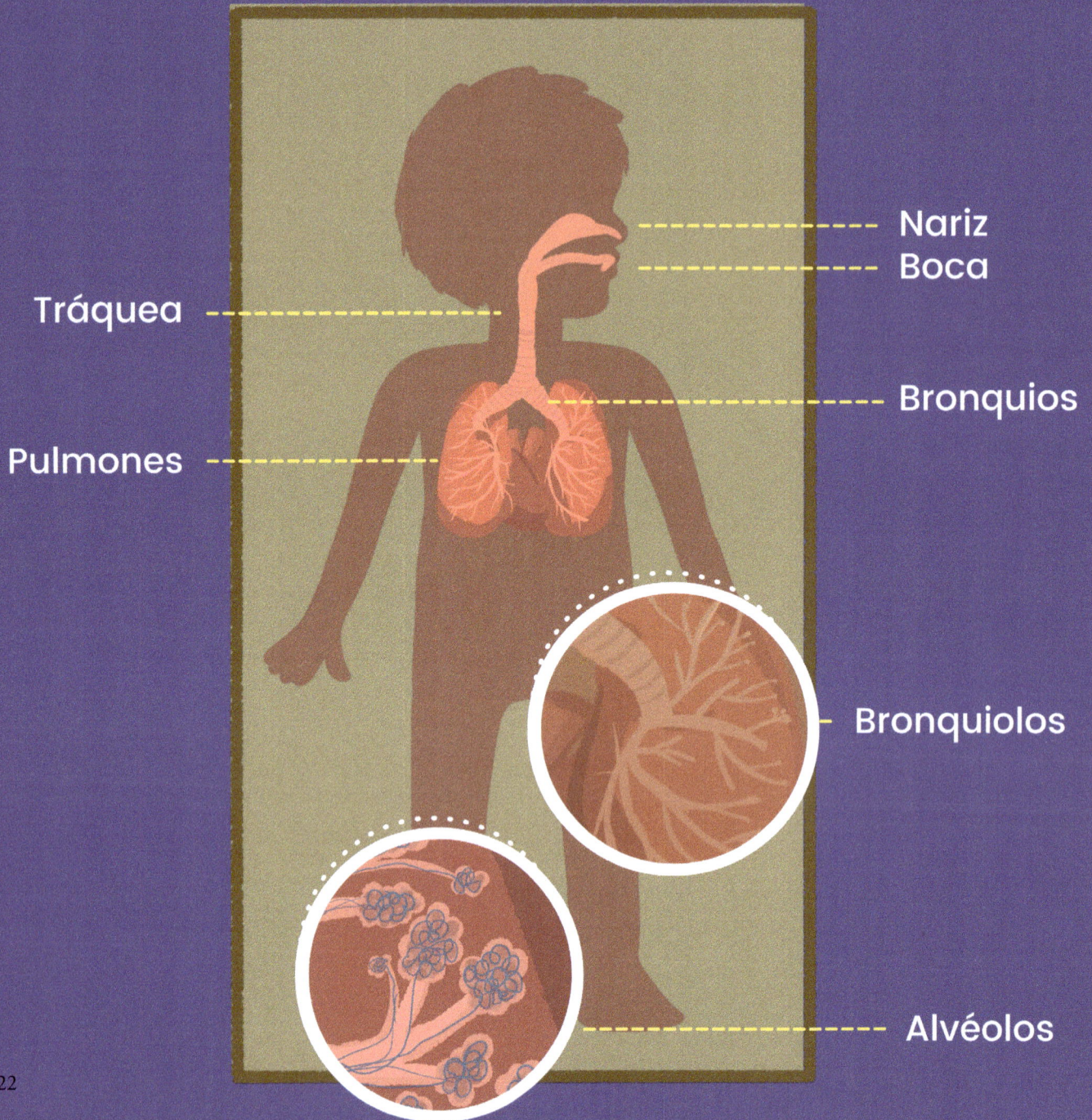

Nariz

Boca

Tráquea

Bronquios

Pulmones

Bronquiolos

Alvéolos

Dounia Stewart-McMeel

Dounia Stewart-McMeel cree que los niños necesitan pasión por el aprendizaje. En los muchos años que pasó como tutora y voluntaria en escuelas, les ayudó a los niños a encontrar el lado divertido de materias como las matemáticas y las ciencias. Ahora lo hace a través de libros. Su serie "¡La digestión es divertida!" celebra el descubrimiento científico y el cuerpo humano a través de la mirada de Fátima, una joven inventora, y del Z82, una cápsula Zorb capaz de encogerse. Dounia es neurodivergente y cree que eso le ha ayudado a ser creativa.

Visita el sitio de Internet de Dounia: learningexcitement.co.uk

De la misma autora

¡La digestión es divertida! celebra el descubrimiento científico y el cuerpo humano a través de la mirada de Fátima, una joven inventora, y del Z82, una cápsula Zorb capaz de reducir su tamaño. El plan de Fátima es encogerse y entrar por la boca de alguien para averiguar qué hace nuestro cuerpo para digerir los alimentos que nos gusta comer. Disponible en árabe, chino, inglés, francés, español y otros.

De la misma autora

¡La inmunidad es divertida! celebra el descubrimiento científico y el cuerpo humano a través de la mirada de Fátima, una joven inventora, y del Z82, una cápsula Zorb capaz de reducir su tamaño. El plan de Fátima es encogerse y entrar por la nariz de alguien para averiguar lo que hace nuestro cuerpo para protegernos cuando nos enfermamos por culpa de los gérmenes. Disponible en árabe, chino, inglés, francés, español y otros.

TBR Books es el programa editorial de CALEC (Center for the Advancement of Languages, Education, and Communities), una organización sin fines de lucro enfocada en promover el multilingüismo, el entendimiento multicultural y la diseminación de ideas. Nuestra misión es empoderar a las familias multilingües y comunidades lingüísticas a través de la educación, el conocimiento y la defensa.

Este libro está disponible en varios idiomas. Para mayor información, visítanos en tbr-books.org.

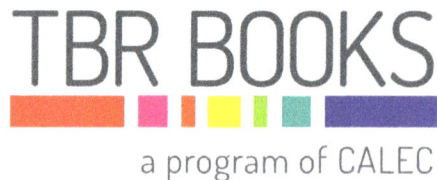

TBR BOOKS

a program of CALEC

www.ingramcontent.com/pod-product-compliance
Lightning Source LLC
LaVergne TN
LVHW070836080426

835508LV00031B/3486